Murakami

村上祥子の
1人分でもおいしい
電子レンジ
らくらくクッキング
DenshiRenjiRakurakuCooking

Sachiko

ブックマン社

CONTENTS
村上祥子の1人分でもおいしい電子レンジらくらくクッキング

電子レンジマニュアル
電子レンジは1人分クッキングの強い味方●●●●4
これだけ覚えて! 電子レンジのお約束●●●●4
お惣菜の温め直しのコツ●●●●6
便利な調理グッズ●●●●7
電子レンジはこんなこともできちゃう!●●●●8

簡単でホントにおいしい1人分のレシピ集
ビーフカレー●●●●10
チキンライス●●●●12
ドライカレー●●●●14
ミートソース・スパゲッティ●●●●16
蒸しずし●●●●18
親子丼●●●●20
豆腐とわかめのみそ汁●●●●22
はんぺんとみつばのすまし汁●●●●24
ザーサイと卵の中華スープ●●●●26
ハムと貝割れ菜のスープ●●●●28
鶏の照り焼き●●●●30
チキンボールのトマト煮●●●●32
ゆで豚の辛味ソース●●●●34
豚肉と高菜の炒め物●●●●36
牛肉たっぷりの肉豆腐●●●●38
ローストビーフ●●●●40
ジャンボフランク●●●●42
ビーフコロッケ●●●●44
帆立しゅうまい●●●●46

かれいの煮つけ●●●●● 48
いわしの梅煮●●●●● 50
えびチリ●●●●● 52
いかのガーリック炒め●●●●● 54
パリッと干物●●●●● 56
かつおのしょうが煮●●●●● 58
鯛の酒蒸し・にんにくソース●●●●● 60
チンゲン菜とえびのごまみそ煮●●●●● 62
大根とあさりのじぶ煮●●●●● 64
わかめとじゃこの韓国風●●●●● 66
きのこの甘酢煮●●●●● 68
ほうれん草のごまあえ●●●●● 70
小松菜の煮びたし●●●●● 72
なすの焼きなす風●●●●● 74
キャベツのマヨネーズ炒め●●●●● 76
ひじきの炒り煮●●●●● 78
きんぴらごぼう●●●●● 80
里いもの鶏そぼろ煮●●●●● 82
ポテトサラダ●●●●● 84
いり鶏●●●●● 86
かぼちゃのうま煮●●●●● 88
ゆで卵●●●●● 90
半熟卵●●●●● 92
ツナ豆腐●●●●● 94

●本文中で表示した調理時間は600Wレンジを使用した場合で、下ごしらえの時間も入っています。
●この本のレシピの加熱時間は、単機能電子レンジで表しています。
　オーブンレンジの機種によっては表示された時間よりも長くなります。

電子レンジマニュアル

電子レンジは1人分クッキングの強い味方

　私は福岡でシニア向けに、"1人分クッキング"教室をしていますが、ある日のメニューは、電子レンジで作る"さばのみそ煮"で3分、そのあと"小松菜のおひたし"を、菜っぱをゆでるのも、だしを取るのもやはりレンジでやって、これも3分。一方、コンロで"さつまいもと鶏ひき団子のみそ汁"を作って、炊飯器で炊いたご飯を添えたものでした。ものの15分もあれば、でき上がり。

　電子レンジ調理は、栄養素が逃げずにうま味が残り、1人分でも本当においしくできるので毎回感動の声があがります。

　そこで、1人暮らしのお年寄りや単身赴任のお父さん、親元を離れて暮らす学生さんやOLさんたちにもおいしく、簡単にできる本を作りました。メニューにかかる前に、マニュアルはぜひお読み下さい。

これだけ覚えて！電子レンジのお約束

1...使える器・使えない器

110℃未満でしか使えないプラスチック容器、木や竹の製品は熱で変形。金模様は黒ずみ、ペイントははげてしまいます。土鍋や低温で焼きつけた陶磁器は、ひび割れの危険も。アルミホイルの例外的な使い方を除いて、ステンレス、ホーローなどの金属類もNG。これらを除けば、耐熱ガラスはもちろん、食器やポリ袋、ラップなど、電子レンジに使える器は意外と多いものです。レンジ専用のふたがあると、ラップの代わりに使えて便利です。

2...ターンテーブルの定位置

電子レンジのターンテーブルの中央に食品を置きたくなりますが、実はこの位置こそ、レンジの熱が一番あたりにくく、加熱むらが起きやすいところ。食品はターンテーブルの端に置くのが正解。いくつか並べるなら周囲に等間隔に。例外として、大きい器で加熱するときは、ターンテーブルの中央に置きます。

3... ラップありとラップなしの使い分けは？

食品を"どう仕上げたいか"によって使い分けを。煮ものや蒸しものなど、しっとりさせたい時は、ラップやふたをして。揚げものの温め直しなど、水分を蒸発させながら、パリッとさせたいときは、ラップやふたなしで。

4... 加熱時間は正しく設定

電子レンジを使う場合、おいしく作る決め手になるのが正しい加熱時間。加熱時間が長すぎると、食材が硬くなってしまったり、水分の多いものはドロドロに溶けてしまいます。家にある電子レンジの出力が何Wなのか、きちんとチェックをして下さい。ほとんどが500Wか600Wですが、なかには800Wや900Wのインバーター切り換え装置タイプのレンジも。本書では、レンジ機能だけの電子レンジの加熱時間で表示していますが、オーブン兼用電子レンジでは、余分に時間がかかるケースがあります。手持ちのレンジの横や裏、取扱説明書で確認して下さい。

過熱時間目安表

	種類	100gあたり	600W	500W
野菜	もやし	もやし	40秒	1分
	きのこ	しめじ、生しいたけ、まいたけ、えのきだけ	40秒	1分
	菜っ葉	にんにくの芽、春菊、三つ葉、にら、青ねぎ、長ねぎ、ほうれん草、小松菜、青梗菜、キャベツ、白菜	1分10秒	1分30秒
	夏野菜 春野菜	なす、トマト、オクラ、ピーマン、カリフラワー、ブロッコリー、アスパラガス、さやいんげん	1分30秒	2分
	根野菜などの冬野菜	じゃがいも、さつまいも、里いも、長いも、こんにゃく、かぼちゃ、とうもろこし、枝豆、れんこん、玉ねぎ、にんじん、大根、かぶ、ごぼう	2分	2分30秒
	冷凍野菜[加熱ずみ]	ミックスベジタブル、グリンピース、コーン、五菜ミックス、芽キャベツ、ほうれん草	3分	3分40秒
肉・魚介	肉、魚、卵	鶏肉、豚肉、牛肉、魚類、鶏卵	2分	2分30秒
卵・豆腐	えび、いか、豆腐	えび、いか、かに、たこ、帆立貝、鶏ささ身、豆腐	1分	1分20秒

500Wの加熱時間は、600Wの1.2倍
例 ● 600Wの電子レンジで4分加熱 → 500Wの電子レンジで5分 [4×1.2＝5分] 加熱

加熱する物の重さが増えれば、加熱時間は比例して増える。
例 ● 2人分のえび100gを1分加熱 → 4人分のえび200gを2分 [1分×2＝2分] 加熱

お惣菜の温め直しのコツ

冷蔵と冷凍では加熱時間が違います。
「冷凍は冷蔵の約2倍の加熱時間」を目安に覚えて。この法則はどのおかずにもあてはまります。

1・・・煮物
ひじきや切り干し大根など水分の少ない煮物は、1人分（100g）につき大さじ1の水を加えてラップをかけて。600Wレンジで、冷蔵していたもので1分、冷凍で2分。

2・・・ご飯
茶わんごとすっかり冷えたご飯。霧吹きのシュッとひと吹きでふんわりとラップをかけて600Wレンジで1分20秒チン。冷凍ごはんは倍の2分40秒で。冷凍ごはんは、加熱途中で混ぜた方がベターです。

3・・・カレー、シチュー
冷凍した煮込み料理は、解凍・加熱が一度にできます。が、レンジに任せっ放しではだめ。固形物の具と液体の汁とでは、電磁波の通り具合が違います。内部と表面、中央と側面などでも加熱具合に差が出てしまうから。途中で一度取り出して混ぜ、再加熱します。器ごと冷凍したカレーは、600Wレンジで1人分につき3～4分を目安に加熱。円形か長方形か、器の形によっても温まり方がちがいます。

4・・・焼き餃子
焼き目を上にするのがポイントです。基本通りに、器の回りに餃子を等間隔に並べて。100gにつき600Wレンジで冷蔵で1分、冷凍で2分。

5・・・フライ・天ぷら
ベチャッとするのがイヤ！と嫌われるレンジ加熱のフライもの。器にペーパータオルをしいた上にのせ、ラップなしで加熱。取り出して30秒ほど放置すると、蒸気が飛んでカリッ。600Wレンジで100gにつき、冷蔵で1分、冷凍で2分。

6・・・肉まん
ふわっとしたできたての口当たりを再現したい肉まんは、水にくぐらせ、器にのせて、ラップして蒸気をキープ。1個100gの肉まんで、600Wレンジで40秒、冷凍で1分20秒。

7・・・シュウマイ
ふんわりあつあつを食べたいシュウマイは、冷蔵も冷凍も一度水にくぐらせてから器に並べ、ふんわりラップかふたで600Wレンジで100gにつき冷蔵で1分、冷凍で2分加熱。

8・・・飲み物、汁もの
冷えた飲みものや汁ものを温め直しするときは、電子レンジで使える器に移し、ラップかふたをしてターンテーブルの端に。1カップにつき600Wレンジで冷蔵で2分加熱。

9・・・コンビニ弁当
しょうゆやソースのパック、アルミケース、プラスチックのハランなどは、始めに取り出してしまいます。ラップをかぶせ、600Wレンジで弁当1個（400g）で3分加熱を目安に。

便利な調理グッズ

1...耐熱計量カップやマグカップ
レンジで加熱すると、器ごと熱くなるので取り出すときはくれぐれも気をつけて。持ち手のある耐熱計量カップやマグカップを使うと、取り出しやかき混ぜるときもラク。

耐熱計量カップやマグカップ

2...牛乳パックや生クリームのパック
牛乳や生クリームのパックは耐水性のある紙容器。1～2食分ずつカレーやシチューを詰めて冷凍すると、電子レンジで解凍・加熱OK。

牛乳パックや生クリームパック

3...ジップロック®コンテナー
電子レンジ加熱対応で、冷凍でも耐久性のあるボックス型のジップロック容器。スーパーなどで購入可。丸型と角型があって、大、中、小カップの3サイズ。小の容器でさばのみそ煮1人分ができます。

ジップロック®コンテナー

4...ペーパータオル
食材の下にしいて電子レンジで加熱すると、余分な油や水分を吸収。水分の多い豆腐の水きりには厚手のペーパーを使うこと。

ペーパータオル

5...クッキングペーパー
ボウルに入れた材料にぴったりはりつけて落としぶたの代わりに使ってみると、もう手放せません。はがすのも両手で持ち上げれば簡単。

クッキングペーパー

6...耐熱皿
酒蒸しや温め直しに、直径15～18cmの耐熱皿があると便利。無地の平皿でも十分対応できます。ふた代わりに使うとラップをはがす手間もなし。

耐熱皿

電子レンジはこんなこともできちゃう！

1...米1カップ分のごはん
洗った米1カップを大きめの耐熱ガラスの器に入れて、水1.3カップを注ぎ、ふんわりとラップをかけるかレンジぶたをして、600Wレンジ4分加熱。そのあと弱加熱で13分。取り出して10分間蒸らせばでき上がり。あらかじめ、水に浸しておかなくてもふっくらと炊き上がります。

米の入ったボウルにふんわりとラップをかける

2...肉まんはキャベツのふたで
肉まんを水にくぐらせ、皿にのせて、キャベツの葉をかぶせて、600Wレンジで100gにつき、冷蔵で1分、冷凍で2分チン。

肉まんをキャベツで覆う

3...インスタントコーヒーを香りたかく
マグカップに水1カップとインスタントコーヒーパウダー小さじ1を入れ、ラップなしで600Wレンジで2分加熱。ぐらぐらと煮立って、いい香りが漂ってきたらでき上がり。

4...ミルクティー
マグカップに水1/2カップを注ぎ、ティーバッグ1個をポン。レンジぶたをして、600Wレンジで1分加熱。牛乳1/2カップを上から注ぎ、今度はふたなしで1分加熱。ティーバッグの二度浸しで味も香りも抜群。

5...肉・魚・刺身などの生もの解凍
完全に解凍するとうまみが流出しておいしさ半減。弱加熱で包丁が入る程度の半解凍にするのがベスト。ペーパータオルにのせてふんわりラップをして100gにつき弱加熱1分30秒〜2分を目安に。弱加熱キーを、生もの解凍や煮込みという名称で呼ぶメーカーもあります。

ペーパータオルにのせてふんわりラップをして

6...割りばしや網を使えば途中の返しは不要
ターンテーブルに網や割りばしをバラして並べた上に器を置くと、途中で肉や魚の位置を返さなくても、完全に火が通ります。

ターンテーブルに割りばしを並べたところ

7...豆腐の水きり
豆腐に重石をのせて電子レンジにかけると、スピーディに水きりができます。豆腐を2枚重ねのペーパータオルで包んで耐熱のボウルに入れ、その上に1カップの水の入った耐熱ボウルをのせ、600Wレンジで1/2丁につき3分加熱。

8...レンジは減塩漬け上手
ポリ袋に、きゅうり1本拍子木切り、塩小さじ1/5、昆布、赤唐辛子少々を入れて1分加熱。取り出して冷ませば浅漬けそのもの。

水の入った耐熱ボウルをのせ重石にする

ごはん・麺 LESIPE	6
汁 LESIPE	4
肉のおかず LESIPE	9
魚介のおかず LESIPE	9
野菜・海藻のおかず LESIPE	12
卵・豆腐のおかず LESIPE	3

簡単でホントにおいしい 1人分のレシピ集

MURAKAMI SACHIKO

自炊したいけれど、
1人分作るのは面倒だし、おいしく出来ないのでは?
高齢になると体が思うように動かなくて、火を使うのが心配…。
そんな方のために、電子レンジでできる43品のレシピを紹介します。
ごはん物から定番のおかず、お味噌汁まで、
おいしくて、あっという間にできるものばかり。
さあ、まずは1品作ってみませんか?

少量でもカレーがおいしくできるのは、レンジ加熱のおかげ

ビーフカレー

1人分 489kcal
塩分 2.1g
調理時間 10分

材料 1人分
牛肉(薄切り)●30g
玉ねぎ●30g
じゃがいも●50g
にんじん●30g
水●1/2カップ
ビール●大さじ1〜2
カレールウ(刻む)●20g(1ブロック)
パセリのみじん切り●少々
福神漬け、らっきょう●少々
ごはん●茶わん1杯(150g)

作り方

1・・・・・
玉ねぎ、じゃがいも、にんじんは、
皮をむいて1cm角切り。
牛肉は、3cm幅に切る。

2・・・・・
耐熱ボウルに野菜を入れ、水を注ぎ、あればビールを加え、
カレールウを加えて、水の中に沈める。
牛肉を上にのせ、ラップまたはふたをして、
600Wレンジ6分(500W7分)加熱。

3・・・・・
取り出してひと混ぜして、ごはんを盛った器にかける。
ごはんにはパセリをかけ、
好みで、福神漬けやらっきょうを添えて。

POINT

よりおいしく、より簡単に作るコツ

電磁波は塩分に集中的にあたるくせがあるので、
カレーは削って水の中に沈めるように入れること。水から飛び出していると、焦げてしまいます。
ビールがなければ、酒を加えるとふっくらと仕上がります。

ごはん
麺
1

少量の油で、炒めたようにパラ〜リ仕上がり

チキンライス

1人分 **506kcal**
塩分 **2.3g**
調理時間 **10分**

材料 1人分
鶏ムネ肉(皮なし)●50g
玉ねぎ●1/4個(50g)
マッシュルーム(缶・スライス)●50g
グリンピース(冷凍)●大さじ1
A ┌ トマトケチャップ●大さじ3
  │ 塩、こしょう●各少々
  └ サラダ油●大さじ1
ごはん●茶わん1杯(150g)

作り方

1●●●●●
鶏ムネ肉、玉ねぎは、1cm角切りにする。

2●●●●●
耐熱皿に1とマッシュルーム、グリンピースを入れ、
Aをかけてスプーンで混ぜて、
中央をあけてドーナツ状にする。

3●●●●●
中央にごはんを置き、ラップまたはふたをして、
600Wレンジ3分(500W4分)加熱。
取り出して、全体に混ぜる。

POINT
よりおいしく、より簡単に作るコツ
生ものの鶏ムネ肉入りの具は器の外側に、加熱ずみのごはんは中央に置く。
これ、電子レンジ使いの不文律。なぜって？電子レンジでは、中央にいくほど
電磁波のあたり方が弱く、加熱むらが起きやすいのです。ですから生ものは加熱しやすい外側に。

ごはん
麺
2

お肉も野菜も刻んでまとめてドッキング

ドライカレー

1人分 496kcal
塩分 2.5g
調理時間 10分

材料 1人分
- 豚ひき肉●50g
- 長ねぎ●1/2本(50g)
- 赤パプリカ●1/4個
- なす●中1本(50g)
- トマト●小1個(70g)
- 水●1/4カップ
- カレールウ(刻む)●1ブロック(20g)
- 豆板醤●小さじ1/4
- ごはん●茶わん1杯(150g)

作り方

1●●●●●
長ねぎ、パプリカは、みじん切り。
なす、トマトは、1cm角に切る。

2●●●●●
耐熱ボウルに1とひき肉を入れて、水、刻んだカレールウ、豆板醤を加えて、はしで混ぜる。

3●●●●●
ラップまたはふたをして、
600Wレンジで4分(500W5分)加熱。
取り出して混ぜ、器にごはんをリング状に盛ってかける。

POINT
よりおいしく、より簡単に作るコツ

ドライカレーをサラリとした口あたりにするために、
豆板醤をプラスして大人の味に仕上げました。
玉ねぎ、にんじん、セロリ、ズッキーニなどもドライカレーにはよく合います。

ごはん
麺
3

スパゲッティの定番中の定番…
ミートソース・スパゲッティ

1人分 558kcal
塩分 2.9g
調理時間 10分

材料 1人分

A
- 玉ねぎ●1/4個 [みじん切り]
- セロリ●3cm分 [みじん切り]
- にんじん●2cm分 [みじん切り]
- 強力粉●小さじ1
- オリーブ油●小さじ2
- ローリエ●1枚 [ちぎる]
- 牛ひき肉●50g
- トマト●小1個（70g）[2cm角切り]
- ケチャップ●小さじ2
- しょうゆ●小さじ1
- チキンスープの素（顆粒）●小さじ1/4
- 酒●大さじ2

スパゲッティ（乾）●70g
パセリのみじん切り●少々
粉チーズ●少々

作り方

1 •••••
耐熱ボウルにAのミートソースの材料を入れて、
フォークで混ぜる。
ラップまたはふたをして、
600Wレンジで4分（500W5分）加熱。
取り出して混ぜる。

2 •••••
水3カップを沸かした熱湯に、塩小さじ1（分量外）を加え、
スパゲッティを2つに折って加え、表示時間通りにゆでる。

3 •••••
湯をきって器に盛り、
1をかけて、パセリと粉チーズをふる。

POINT

よりおいしく、より簡単に作るコツ

野菜を刻む時間がないときは、冷凍ハンバーグを使うのも1つの手。
耐熱ボウルに入れた冷凍ハンバーグ1個（50〜60g）を600Wレンジで2分（500W2分30秒）チン。
取り出して、フォークでほぐして調味料を加えて2分（500W2分30秒）加熱ででき上がり。

ごはん
麺
4

残ったお惣菜大変身！主菜、副菜、主食が1品でO.K

蒸しずし

1人分 339kcal
塩分 1.3g
調理時間 5分

材料 1人分
- ごはん●茶わん1杯（150g）
- 酢●大さじ1
- かに風味かまぼこ●2本
- ひじき煮●大さじ山1杯
- ほうれん草のごまあえ●大さじ山1杯
- いり白ごま●小さじ1

作り方

1●●●●●
丼にごはんを入れ、酢をふりかける。

2●●●●●
かに風味かまぼこはほぐして、ひじき煮、
ほうれん草のごまあえをのせ、いりごまをパラリ。

3●●●●●
ふたをして、600Wレンジで2分30秒（500W3分）加熱。
食べるときに、さくさく混ぜて。

POINT
よりおいしく、より簡単に作るコツ

蒸しずしは、昔から残りものを寄せ集めてふかして仕上げた家庭の味。
休日は、朝のうちにボリュームのある食事をとると何かと安心ですね。
お煮しめやしらたきのいり煮などをのせても結構なお味に変身。

ごはん
麺
5

明治時代からの人気の丼

親子丼

1人分 534kcal
塩分 2.9g
調理時間 10分

材料1人分

A [しょうゆ●大さじ1
   砂糖●大さじ1
   酒●大さじ1]
鶏肉(小間切れ)●75g
玉ねぎ(くし形切り)●50g(中1/4個)
卵●1個(50g)
みつば●30g [3cmに切る]
もみのり●少々
ごはん(温かいもの)●茶わん1杯(150g)

作り方

1●●●●●
耐熱皿にAを合わせて、鶏肉、玉ねぎを加える。
ラップまたはふたをして、
600Wレンジで2分(500W2分30秒)加熱。

2●●●●●
取り出して、軽く溶いた卵をまわしかけ、
みつばの半量をのせる。
ラップまたはふたをもどし、
600Wレンジで1分(500W1分30秒)加熱。

3●●●●●
丼にごはんを盛り、上に2をすべらせてのせ、
残りのみつばとのりをのせる。

POINT

よりおいしく、より簡単に作るコツ
親子丼のバリエーションを紹介しましょう。
温かいごはんの上に、冷たい豆腐をくずしてのせて、熱々親子卵とじをすべらせます。
キャ～と叫びだしたいおいしさ！イソフラボン効果もあります。

ごはん
麺
6

朝のみそ汁1杯が一日の元気の道しるべ

豆腐とわかめのみそ汁

1人分 96kcal
塩分 1.6g
調理時間 5分

材料1人分
水●150ml
みそペースト(だし入り)●小1パック(17g)
豆腐●小1/2丁(100g)
わかめ(乾燥カットわかめ)●小1/2パック

作り方

1●●●●●
豆腐は、1cm角に切る。

2●●●●●
マグカップやカフェ・オ・レボウルに材料を入れて、はしでつまむように混ぜる。

3●●●●●
ラップまたはふたをして、
600Wレンジ3分(500W4分)加熱ででき上がり。

POINT
よりおいしく、より簡単に作るコツ
[豆腐とわかめ]だけでなく、[豚とキャベツ]、[さつまいもと鶏肉]、[玉ねぎとじゃがいも]、[油揚げと青ねぎ]など、具を替えても同じ要領でおよそ同時間でできるので、みそ汁のバリエはいくつも広がります。万能ねぎの小口切り、パセリのみじん切り、大根おろしは、アルミケースに1人分ずつ小分けをしてふたつき容器で冷凍しておくと、必要量だけ使うことができ、1人暮らしさんにはおいしく、無駄にならずに便利です。

汁
1

一碗のすまし汁を添えれば、和定食完成

はんぺんとみつばのすまし汁

1人分 23kcal
塩分 1.1g
調理時間 5分

材料 1人分
- 水●150ml
- 和風だし●小さじ1/4
- しょうゆ●小さじ1/2
- はんぺん●小1/4枚(20g)
- みつば●3本

作り方

1
はんぺんは、1cm角に切る。
みつばは、1cm長さに切る。

2
マグカップやカフェ・オ・レボウルに材料を入れる。

3
ラップまたはふたをして、
600Wレンジで2分(500W2分30秒)加熱する。

POINT
よりおいしく、より簡単に作るコツ

他にも[かまぼことえのき]、[白身魚とセリ]、
[梅干しととろろ昆布]、[麩とほうれん草]など、
加熱時間は同様なので電子レンジすまし汁のバリエはいくらでも。

汁
2

五目炒めや酢豚に是非そえたい

ザーサイと卵の中華スープ

1人分 **48**kcal
塩分 **1.2**g
調理時間 **4**分

材料1人分
水●150ml
中華だしの素●小さじ1/4
しょうゆ●小さじ1/2
ザーサイ(味付)●2〜3片
卵●1/2個
水溶きかたくり粉
　[かたくり粉●小さじ1/4
　　水●小さじ1

作り方

1●●●●●
卵を溶きほぐし、水溶きかたくり粉と混ぜる。

2●●●●●
耐熱スープ皿やマグカップに水、中華だしの素、しょうゆ、ザーサイを入れ、ラップまたはふたをして600Wレンジで2分(500W2分30秒)加熱する。

3●●●●●
取り出して1を加え、はしでほぐすと、かきたま状になりでき上がり。

POINT
よりおいしく、より簡単に作るコツ

チャーハンを作っても、牛肉、たけのこ、ピーマンのオイスターソース炒めを作っても、ここで中華スープが一品あれば!と思いませんか?
そんなときに、電子レンジスープテクを知っていると、途端に食卓が華やかになります。

汁
3

動物性食品のハムを加えておかずを兼ねて

ハムと貝割れ菜のスープ

1人分 48kcal
塩分 1.0g
調理時間 5分

材料 1人分
- 水●150ml
- 中華だしの素●小さじ1/4
- 塩●少々
- 酒●小さじ1
- ハム（薄切り）●2枚
- 貝割れ菜●1/4パック
- こしょう●少々

作り方

1 ●●●●●
貝割れ菜は、根を落とし、3cm長さに切る。ハムは、2等分に切り、細切りにする。

2 ●●●●●
耐熱スープ皿やマグカップに1とその他の材料を入れ、ラップまたはふたをして600Wレンジで2分（500W2分30秒）加熱。

3 ●●●●●
取り出して、こしょうをひきかける。

POINT
よりおいしく、より簡単に作るコツ

中華スープの基本ポイントを覚えれば、
［トマトとハム］、［わかめと牛肉］、［焼き豚と玉ねぎ］、［ソーセージとキャベツ］…と、
いろいろ具を替えて楽しめます。

汁
4

香ばしい香りと焦げ色がレンジでO.K

鶏の照り焼き

1人分 305kcal
塩分 1.9g
調理時間 8分

材料1人分
鶏もも肉●1/2枚(150g)
A ┌ しょうゆ●大さじ1
　├ 砂糖●大さじ1
　├ おろししょうが(チューブ)●小さじ1
　└ かたくり粉●小さじ1/2
レタス●適量

作り方

1●●●●
鶏もも肉は、フォークで皮を10回ぐらい刺して調味料がしみやすくする。
耐熱皿にAを入れて、鶏肉を加え、裏返ししながらからめ、皮を上にして置く。

2●●●●
ターンテーブルに網か割りばし2膳をバラしたものを置き、1の器をのせる。
たれをもう一度スプーンですくってかけて、ラップはかけずに600Wレンジで3分(500W4分)加熱。

3●●●●
切り分けて器に盛り、一口大にちぎったレタスを添え、器に残ったたれをかける。

POINT

よりおいしく、より簡単に作るコツ

しょうゆやみそのたれに漬けると、
肉の水分がにじみ出てきてたれが薄味になってしまいます。
濃い味にツヤよく電子レンジで仕上げるためには、下味つけたらすぐ加熱が鉄則です。

肉のおかず
1

パンとワインを添えれば立派なディナー

チキンボールのトマト煮

1人分 **350**kcal
塩分 **1.3**g
調理時間 **10**分

材料1人分
- 鶏ひき肉●100g
- A
  - 玉ねぎ●1/4個[すりおろし]
  - パン粉●大さじ2
  - 塩●少々
  - こしょう●少々
- トマト●1個(100g)
- にんにく●1/2かけ
- 赤パプリカ●1/4個
- スープの素(顆粒)●小さじ1/2
- こしょう●少々
- サラダ油●大さじ1
- パセリのみじん切り●少々

作り方

1●●●●●
トマトと赤パプリカは、へたやタネをとって2cm角の乱切りにする。にんにくは、包丁の腹でつぶす。

2●●●●●
鶏ひき肉とAを混ぜ、6等分して丸めて、薄く油(分量外)をぬった耐熱皿に並べる。1を中央にのせて、スープの素とこしょうをふりかけ、サラダ油を回しかける。

3●●●●●
ラップまたはふたをして、600Wレンジで5分(500W6分)加熱し、チキンボールに火が通ったら取り出して、パセリのみじん切りをふる。

POINT
よりおいしく、より簡単に作るコツ

レンジ加熱は、素材のうま味そのままに一皿に閉じこめて仕上げます。鍋に水を入れてことことと煮込んだものより数段おいしい。鍋のシチューと食べ比べた人たちが、必ずもらすせりふです。

肉のおかず
2

できたてのゆで豚は甘味のあるおいしさ
ゆで豚の辛味ソース

1人分 **315kcal**
塩分**0.5g**
調理時間**10分**

材料1人分
豚ロース肉（とんかつ用）●1枚（100g）
かたくり粉●少々
塩、こしょう●各少々
酒●大さじ1
にんじん（千切り）●少々
キャベツ●1枚［手ちぎり］
A ┌ 豆板醤●小さじ1/4
　│ 砂糖●大さじ1
　│ 酢●大さじ1
　└ 水●大さじ1

作り方

1●●●●●
豚ロース肉は、塩、こしょうし、かたくり粉をまぶして酒をふりかける。
耐熱皿にのせ、ラップまたはふたをする。
ターンテーブルに網か割りばし2膳をバラした上に皿ごとのせて、600Wレンジで3分（500W4分）加熱。

2●●●●●
取り出して粗熱を取り、幅7～8mmの薄切りにする。

3●●●●●
器にキャベツとにんじんをのせ、
豚肉を盛り、Aを合わせたソースをかける。

POINT
よりおいしく、より簡単に作るコツ
電子レンジ加熱では、脂肪を含む部位の肉の方が、だんぜんおいしくでき上がります。
肉の内部温度が30～40℃になれば脂肪が溶け出してくるので、たんぱく質をゆっくり加熱。
やわらかい仕上がりになります。

肉のおかず
3

ピリッと辛味のきいた味がごはんにぴったり

豚肉と高菜の炒め物

1人分 264kcal
塩分 1.6g
調理時間 7分

材料1人分
豚ロース肉(薄切り)●100g
酒●小さじ1
高菜漬け(市販品)●50g
たれ
A [しょうゆ●小さじ1
　　砂糖●大さじ1
　　こしょう●少々
　　ごま油●小さじ1
　　しょうが(チューブ)●少々]
一味唐辛子●少々

作り方

1●●●●●
豚肉は、3～4cm長さに切り、
耐熱皿の周囲に並べて、酒をふりかける。

2●●●●●
高菜漬けは、みじん切りにして、
Aを合わせたたれとあえ、
器の中央にのせる。
ラップをふんわりとかけて、
600Wレンジで3分(500W4分)加熱する。

3●●●●●
取り出して、ひと混ぜしてでき上がり。
好みで一味唐辛子をふってもよい。

POINT
よりおいしく、より簡単に作るコツ
豚肉は十分に火を通したいので、器の周囲の方に置き、酒をかけて蒸し上げ状態に。
中央に置いた高菜漬けが加熱できたところで、全体を混ぜます。
ごま油は小さじ1杯しか使わないのに、焦げつきなしででき上がり。

肉のおかず
4

牛肉と豆腐のうま味を凝縮して

牛肉たっぷりの肉豆腐

1人分 272kcal
塩分 2.1g
調理時間 10分

材料1人分
豆腐(木綿)●1/2丁(150g)
牛肉(薄切り)●50g
長ねぎ●1/2本
A [しょうゆ●大さじ1
   酒●大さじ1
   砂糖●大さじ1
   和風だしの素(顆粒)●小さじ1/4]
ねぎの青い部分●5cm
七味唐辛子●少々

作り方

1●●●●
耐熱スープ皿にAを入れて混ぜる。
(だしの素は溶けなくてもかまわない)
豆腐は、3個に切って器の端の方に入れる。
幅3cmに切った牛肉と
長さ2cmに切ったねぎを置く。

2●●●●
ラップまたはふたをして、
600Wレンジで6分(500W7分)加熱。

3●●●●
取り出して器に盛る。
ねぎの青い部分5cmほどを1枚に開き、
内側のぬめりを包丁でしごいて
落とし、斜め千切りにして天盛りする。
好みで、七味唐辛子を。

POINT

よりおいしく、より簡単に作るコツ
電子レンジ加熱では、煮汁が煮詰まるということがありません。
そこでだしを使う料理は[だしの素]を使った方が、ジャストの味にでき上がるのです。
なすの鶏そぼろ煮などのときにも応用してみて下さい。

肉のおかず
5

わざわざオーブンを温めなくてもカンタンに
ローストビーフ

1人分 192kcal
塩分 1.3g
調理時間 5分

材料 2人分[作りやすい分量]
牛もも肉(かたまり・3cm角棒状)●200g
A ┌ 塩●小さじ1/2
  │ こしょう●少々
  └ おろしにんにく●小さじ1/2
ソース
B ┌ トマトケチャップ●大さじ1/2
  │ しょうゆ●大さじ1/2
  │ 水●大さじ1
  └ ウィスキー(好みで)●小さじ1/2
クレソン●1/2ワ

作り方

1 ●●●●
耐熱皿にAを合わせ、牛もも肉にぬりつける。

2 ●●●●
ターンテーブルに網か割りばしを
2膳バラした上に耐熱皿を置き、
ラップもふたもなしで
600Wレンジで2分(500W2分30秒)加熱。

3 ●●●●
取り出して、アルミホイルでぴっちり包んで30分おいて
肉汁を中に閉じこめ、その後冷蔵して、
盛りつける直前に幅2〜3mmに切る。
クレソンは葉先をつみ、ローストビーフと盛りつけ、
Bを合わせたソースを添える。

POINT
よりおいしく、より簡単に作るコツ

電子レンジには食品の内部から加熱するくせがありますが、やり方によっては、
外だけ火が通った状態に加熱できるのです。コツは、塩をふったら、
溶けてしまわないうちに加熱スタート。塩に電波が集中的にあたって、中は生の状態ででき上がり。

肉のおかず
6

ホームメイドの保存料ゼロのソーセージ
ジャンボフランク

1人分 218kcal
塩分 1.6g
調理時間 7分

材料1人分

A ┌ 豚ひき肉●100g
　├ 玉ねぎ（すりおろし）●大さじ1
　├ パセリ（みじん切り）●1本分
　├ おろしにんにく●小さじ1/4
　├ 塩●小さじ1/4
　└ こしょう●少々
サラダ油●小さじ2
パセリ、粒辛子マスタード、オリーブなど●各少々

作り方

1●●●●●
Aの材料を合わせて、ざっと軽く混ぜ、
手に油をつけて生地を2等分し、
ソーセージ状にまとめる。
ラップに包んで両端をねじると、形を作りやすい。

2●●●●●
ターンテーブルに網または割りばし2膳をバラして置く。
その上にラップを取って1を並べ、
600Wレンジで2分30秒（500W3分）加熱。

3●●●●●
器に盛り、パセリやマスタード、オリーブなどを添える。

POINT

よりおいしく、より簡単に作るコツ

レンジ加熱のときは、ひき肉の生地は一般のようには混ぜないこと。
生地が軽くまとまる程度で加熱すると、あら不思議。ふっくら、ジューシーにできるのです。
途中でこわれないかって？いえいえ、心配ご無用。レンジの中ではゆり動かさないから大丈夫。

肉のおかず
7

かぶりついたら口中にお肉のうま味がジュワ〜

ビーフコロッケ

1人分 308kcal
塩分 0.4g
調理時間 20分

材料1人分
- じゃがいも●小1個(正味100g)
- 牛ひき肉●30g
- 玉ねぎ(みじん切り)●中1/4個(50g)
- 塩●少々
- こしょう●少々
- 小麦粉●適量
- 溶き卵●適量
- パン粉●適量
- 揚げ油●適量
- キャベツ●1枚[千切り]

作り方

1●●●●●
じゃがいもは、皮をむいて水にくぐらせてポリ袋に入れ、網または割りばし2膳をバラした上にのせて、600Wレンジで2分(500W2分30秒)加熱。竹串がすーっと通るようになったら、袋の外からふきんで押さえてつぶす。

2●●●●●
耐熱ボウルに牛ひき肉と玉ねぎを入れ、塩、こしょうして、ラップまたはふたをして、600Wレンジで1分(500W1分30秒)加熱する。1と合わせ、2等分して楕円形にまとめ、小麦粉、溶き卵、パン粉の順にまぶす。

3●●●●●
フライパンに油を1.5cm深さ入れて、中温に温めて、コロッケがきつね色になるまで揚げる。千切りキャベツと器に盛る。

POINT
よりおいしく、より簡単に作るコツ
1人分のビーフコロッケなんて作れるのかしらん？と思うでしょう。
電子レンジは、少量クックこそ得意ワザ。
マッシュポテトも炒めひき肉も、2〜3分単位でできてしまいます。

肉のおかず
8

豚肉と帆立貝のうまみのドッキング

帆立しゅうまい

1人分 262kcal
塩分 0.8g
調理時間 10分

材料 1人分[10個分]

A
- 玉ねぎ●1/4個[みじん切り]
- 豚ひき肉●50g
- 帆立缶●小1個[汁をきってほぐす。飾り用に大さじ1残す]
- おろししょうが(チューブ)●少々
- 塩●少々
- こしょう●少々
- かたくり粉●小さじ2

しゅうまいの皮(市販)●10枚
香菜(みじん切り)●少々
溶き辛子●少々

作り方

1●●●●●
Aの材料を混ぜ合わせ、10等分して丸める。

2●●●●●
しゅうまいの皮にのせて、四方の皮を寄せて形を作る。1個ずつ水にくぐらせ、クッキングペーパーをしいた耐熱皿に並べ、上に残しておいた帆立をのせ、ラップまたはふたをする。

3●●●●●
600Wレンジで3分(500W4分)加熱して、取り出す。好みで、香菜をトッピングしたり、溶き辛子を添えても。

POINT

よりおいしく、より簡単に作るコツ

電子レンジの蒸しもののパサつき解消は、多めに水分を与えること。一番手早い方法は、しゅうまいでもぎょうざでも、1個ずつはしでつまんでおしりから水にドボンと浸けること。冷凍しゅうまいを温めるときでも同じです。

肉のおかず
9

鍋で煮るより数段おいしい

かれいの煮つけ

1人分 157kcal
塩分 2.1g
調理時間 5分

材料1人分
まこがれい(うろこを落とし、内臓とえらを除き、皮に切り目を入れたもの)●1尾(120〜150g)
A [しょうゆ●大さじ2
砂糖●大さじ2
酒●大さじ2]

作り方

1●●●●●
耐熱皿にAを合わせて混ぜ、砂糖を溶かす。
かれいの表になるほうを上にして置き、
たれをすくってかけ、ラップまたはふたをする。

2●●●●●
ターンテーブルに網または割りばし2膳をバラした上に
皿ごとのせ、600Wレンジで3分(500W4分)加熱。

3●●●●●
器に魚を盛りつけ、煮汁をかける。

POINT
よりおいしく、より簡単に作るコツ
かれいに限らず、きんめだい、たら、さけ、あじなどに応用できる電子レンジ煮つけの
テクニックです。魚100gについて、しょうゆ、酒、砂糖各大さじ1の割合で煮汁を用意します。
レンジ加熱のときは魚に含まれる水分で煮えるので、だしや水は加えません。

魚介の
おかず
1

鍋で煮たいわしと食べ比べると絶対勝ち！おまけに冷めてもおいしい！

いわしの梅煮

1人分 223kcal
塩分 2.2g
調理時間 7分

材料1人分
いわし●1尾(150gくらい)
梅干し●1個
昆布●1×4cm2枚
しょうが(薄切り)●2枚
A ┌ しょうゆ●大さじ1
　├ 砂糖●大さじ1
　└ 酒●大さじ1

作り方

1●●●●●
いわしは、うろこと頭、内臓を除いて水洗いし、ペーパーで水気を取る。

2●●●●●
耐熱ボウルにAと梅干し、昆布、しょうがを入れて混ぜて、砂糖を溶かし、いわしを加える。
材料に直接クッキングペーパーをかぶせ、浮き上がり防止に中央にはしで穴をあける。
ラップまたはふたをかぶせる。

3●●●●●
600Wレンジで3分(500W4分)加熱。
器に盛り、煮汁をかける。

POINT
よりおいしく、より簡単に作るコツ

骨まで食べられるほどやわらかくはなりませんが、いわしはいわしの持つ水分で煮え、調味料も温度が上がってとろみがつき、別々に加熱しながらもゴールでは甘露煮のように仕上がるのが、電子レンジ調理の特長です。

魚介の
おかず
2

甘く酸っぱくピリリと辛い中華の定番
えびチリ

1人分 126kcal
塩分 1.7g
調理時間 7分

材料1人分
えび ● 小6尾（正味60g）
長ねぎ ● 10cm分
グリンピース（冷凍）● 大さじ3
チリソース（市販）● 1パック（100g）

作り方

1
長ねぎは、幅1cmの斜め切り。
えびは、背ワタを除き、殻をむく。

2
耐熱皿の中央をあけてえびを並べ、
中央に長ねぎとグリンピースを置き、
チリソースをかけて、ラップまたはふたをして
600Wレンジで3分（500W4分）加熱。

3
取り出して全体を混ぜ、器に盛る。

POINT
よりおいしく、より簡単に作るコツ
冷凍えびを使うときは、えびを直接水に浸します。
指でさわってみて、まだしんが残っている50％ほど解凍したら、背ワタを除き、殻をむきます。
水で解凍すると、えびが空気に触れないので黒く色が変わったりしません。

魚介の
おかず
3

ふっくらやわらか、コクのある味の

いかのガーリック炒め

1人分 **161kcal**
塩分 **1.0g**
調理時間 **7分**

材料1人分
いか●小1尾（150g）
A ┌ にんにく（薄切り）●1かけ分
  │ 赤唐辛子●1本［2つにちぎる］
  │ 塩●ほんの少々
  │ こしょう●少々
  └ オリーブオイル●大さじ1
万能ねぎ●2本［3cm長さに切る］

作り方

1●●●●
いかの胴は、幅1cmの輪切り。足は2本ずつ切り離す。
墨が入っているときは墨も加える。

2●●●●
耐熱ボウルにいかを入れて、
Aをかけて、ひと混ぜする。

3●●●●
クッキングペーパーをいかに直接かぶせ、
浮き上がり防止に、中央にはしで穴をあける。
ラップまたはふたをして、600Wレンジで
1分30秒（500W2分）加熱。
底にたまった水はそのままにして
万能ねぎと、いかを器に盛る。

POINT
よりおいしく、より簡単に作るコツ
レンジ炒めなら必要最少限の油しか使わないので、コクはあるけど、ヘルシー。
短時間で加熱するので、ふっくらと仕上がります。
えびや帆立、たこなども、このレシピでどうぞ。

魚介の
おかず
4

焼き網がなくてもレンジでこんがりと干物を焼く

パリッと干物

1人分 143kcal
塩分 1.3g
調理時間 5分

材料1人分
あじの干物●1枚（120gのもの）
大根●2cm分（おろす）
青しそ●1枚
かぼす、またはすだち●1/2個
しょうゆ●少々

作り方

1●●●●
割りばし2膳をばらし、ターンテーブルの上に
3〜4cm間隔（干物の幅）に広げ、
あじの干物1枚（120g）を皮を下にしてのせる。

2●●●●
ラップはしないで、
600Wレンジで4分（500W5分）加熱。

3●●●●
器に盛り、青しそ、大根おろし、かぼすを添える。
好みで、しょうゆをおろしにかける。

POINT
よりおいしく、より簡単に作るコツ

電子レンジの電磁波は波長が13cmと短い微弱な電波。
そこで、分子量が小さな水分にだけ集中的にあたるのですが、水分以上に好きなのが塩分。
ということで、干物の塩気に電磁波があたり、焦げ目がつくのです。

魚介の
おかず
5

さっぱり味の角煮が3分間で

かつおのしょうが煮

1人分 **102**kcal
塩分 **1.0**g
調理時間 **5**分

材料1人分
かつお(さくどり、またはたたき用)●70g
しょうが(薄切り)●2～3枚
A ┃ しょうゆ●大さじ1
 ┃ 酒●大さじ1
 ┃ 砂糖●大さじ1
 ┃ 酢●小さじ1[臭み取り]

作り方

1●●●●●
耐熱ボウルにAを入れて混ぜて、砂糖を溶かす。
かつおは、幅1.5～2cmに切って加え、
調味料をまぶし、電磁波の通りづらい
中央はあけて周囲に置く。

2●●●●●
しょうがを加え、クッキングペーパーを
かつおに直接かぶせ、浮き上がり防止に
はしで中央に穴をあけ、ラップまたはふたをする。
600Wレンジで2分30秒(500W3分)加熱。

3●●●●●
取り出して、粗熱が取れ、味がなじんでからいただく。

POINT

よりおいしく、より簡単に作るコツ

クッキングペーパーを材料に直接かぶせて落としぶた代わりにすれば、
煮汁がよく回って味が全体にしみこみます。水を一滴も加えなくても、
かつおの内部から火が通ってくれるのが、電子レンジクックのマジックです。

魚介の
おかず
6

にんにくの辛味と鯛の味がマッチング

鯛の酒蒸し・にんにくソース

1人分 220kcal
塩分 1.0g
調理時間 7分

材料1人分
鯛●1切れ(100g)
菜の花(冷凍)●1個(50g)
酒●大さじ1
にんにくソース
　┌ おろしにんにく●小さじ1/4
　│ しょうゆ●小さじ1
　│ 蒸し汁●大さじ1
　└ ごま油●小さじ1
長ねぎ●3cm分[千切り]

作り方

1●●●●●
耐熱スープ皿に、鯛と菜の花をのせ、酒をふりかける。
ラップまたはふたをして、
600Wレンジで3分(500W4分)加熱。

2●●●●●
おろしにんにく、しょうゆ、ごま油に
1の蒸し汁を加えて、にんにくソースを作る。

3●●●●●
鯛と菜の花を器に盛り、細切りのねぎをのせ、
にんにくソースをかける。

POINT
よりおいしく、より簡単に作るコツ
中国料理の魚の蒸し物に、100℃に沸かしたたっぷりの熱湯に、魚をざるにのせ、重量100gにつき1分間浸しておくと、味を逃がさずふっくらと火を通すことができるという方法があるのです。レンジ加熱はそれに似ています。

魚介の
おかず
7

和風のごまみそ味でチンゲン菜とえび!!

チンゲン菜とえびのごまみそ煮

1人分 203kcal
塩分 2.5g
調理時間 7分

材料1人分
チンゲン菜●300g
えび●6尾(60g)
A ┌ 練りごま●小さじ2
　├ 砂糖●大さじ2
　├ しょうゆ●小さじ2
　├ みそ●大さじ1
　├ 酒●大さじ2
　└ かたくり粉●小さじ1

作り方

1●●●●●
チンゲン菜は、4cm長さに切り、根元は6～8等分に切る。

2●●●●●
えびは、殻を除き、背に切りこみを入れて背ワタを抜く。Aを合わせてからませる。

3●●●●●
耐熱ボウルにチンゲン菜の葉、茎、えびの順に入れ、ラップまたはふたをする。
600Wレンジで4分(500W5分)加熱し、取り出す。
底にたまった水分は残して、器に盛り、混ぜる。

POINT
よりおいしく、より簡単に作るコツ
チンゲン菜を食品成分表で調べてみると、96%も水分なのです。
そこで電子レンジ加熱をすると、器の底に水気がたっぷりたまります。
この水分を煮汁として加えればさっぱり味に、加えなければ濃い味にでき上がります。

魚介の
おかず
8

しょうゆ味とあさりのうま味がとろりとからまって

大根とあさりのじぶ煮

1人分 73kcal
塩分 1.8g
調理時間 7分

材料1人分
あさり貝（殻つき）●100g
大根●4cm分（200g）
酒●大さじ1
しょうゆ●小さじ1
かたくり粉●小さじ1/2
みつば●2〜3本

作り方

1●●●●●
あさり貝は、砂を吐いたものを求め、
殻をよく洗って水をきる。
大根は、皮をむき乱切り。

2●●●●●
耐熱ボウルに大根を入れ、あさり貝をのせ、酒をふる。
ラップまたはふたをして、
600Wレンジで5分（500W6分）加熱。
あさり貝の口が全部開いたら、取り出す。

3●●●●●
かたくり粉をしょうゆで溶いて加え、
ひと混ぜすると、とろみがつく。
器に盛り、みつばは葉と茎に分け、
茎は2cmに切って散らす。

POINT
よりおいしく、より簡単に作るコツ
大根は、輪切りにすると電子レンジ加熱がしづらい素材になりますが、
どこかがとんがっているように乱切りにすると、たちまち上手に火が通ります。
電磁波は雷と同じように尖った先が好きなのです。

魚介の
おかず
9

わかめとじゃこの磯の香りにごま油がぴったり

わかめとじゃこの韓国風

1人分 81kcal
塩分 0.8g
調理時間 3分

材料1人分
- カットわかめ(乾)●小1袋(5g)
- ちりめんじゃこ●ひとつまみ(10g)
- 水●大さじ4
- ごま油●小さじ1
- にんにく(薄切り)●1かけ
- いりごま(白)●少々
- 万能ねぎ(小口切り)●少々

作り方

1.●●●●●
耐熱ボウルにわかめ、ちりめんじゃこ、にんにく、水、ごま油を入れて、ラップまたはふたをする。

2.●●●●●
600Wレンジで1分(500W1分30秒)加熱して、取り出す。

3.●●●●●
ひと混ぜして、いりごまと万能ねぎを散らす。

POINT
よりおいしく、より簡単に作るコツ
わかめとちりめんじゃこの塩気で味は十分なので、
ここでは調味料はごま油だけ。
代わりといってはなんですが、にんにくの香りがスパイシーに効果を発揮。

野菜・海藻
のおかず
1

甘くすっぱくさっぱり味でいくらでも食べられちゃう…

きのこの甘酢煮

1人分 62kcal
塩分 0.4g
調理時間 5分

材料1人分
生しいたけ●2枚
しめじたけ●1パック(100g)
えのきだけ●1パック(100g)
赤ピーマン●1/2個
A ┌ 水●大さじ3
　│ 酢●大さじ2
　│ 昆布●1枚(5×5cm)
　│ 砂糖●大さじ2
　│ しょうゆ●大さじ1
　└ 赤唐辛子●1本 [種を除いて2つに切る]

作り方

1●●●●●
生しいたけは、石づきを除き、十字に4つに切る。
しめじたけは、石づきを除き、ほぐす。
えのきだけは、石づきを除き、長さを2等分し、ほぐす。
赤ピーマンは、1cm角に切る。

2●●●●●
耐熱ボウルにAを入れて、1を加え、
クッキングペーパーを直接かぶせ、
はしで中央に穴をあけ、ラップまたはふたをする。

3●●●●●
600Wレンジで3分(500W4分)加熱して、
でき上がり。

POINT
よりおいしく、より簡単に作るコツ

ビタミンDは日本人の食生活では絶対不足することはないと言われてきたのに、
現在の栄養調査では不足がちだとか。きのこ類はそのビタミンDの宝庫。
冷蔵すれば1ヵ月は保存がきくので、きのこの甘酢煮を倍量作ってはいかが?

野菜・海藻
のおかず
2

何はなくても、ごまあえさえあれば

ほうれん草のごまあえ

1人分 151kcal
塩分 1.4g
調理時間 7分

材料1人分
ほうれん草●200g
砂糖●小さじ2
すりごま(白)●大さじ2
しょうゆ●小さじ2

作り方

1●●●●●
ほうれん草は、2cm長さに切る。
耐熱ボウルに葉を下に、茎を上に入れて、
ラップまたはふたをして、
600Wレンジで3分(500W4分)加熱。

2●●●●●
取り出して、ボウルに水を注いで冷まし、
ざるへ上げてかたく絞る。

3●●●●●
ほうれん草に砂糖とすりごまを加えてからませ、
最後にしょうゆを加えて混ぜる。

POINT
よりおいしく、より簡単に作るコツ
青菜の葉はやわらかく水分多し。茎はかたく火が通りづらい。
そこでレンジでゆでるときは、電磁波があたりづらいボウルの下側に葉の部分を、
電磁波がよくあたる上側に茎を置くと、ムラなく加熱ができるのです。

野菜・海藻のおかず 3

1回に100gのグリーン野菜で体調O.K

小松菜の煮びたし

1人分 25kcal
塩分 0.8g
調理時間 5分

材料1人分
小松菜●100g
めんつゆ(ストレート)●大さじ2
しょうがのすりおろし●少々

作り方

1.....
小松菜は3cm長さに切る。
耐熱ボウルに葉を入れて、茎は上にのせる。

2.....
めんつゆをかけ、
ラップまたはふたをして
600Wレンジで2分(500W2分30秒)加熱。

3.....
取り出して混ぜ、器に盛り、
しょうがのすりおろしをのせる。

POINT
よりおいしく、より簡単に作るコツ

小松菜は、ほうれん草と同じ緑黄色野菜。ビタミンAのもと、
β-カロチンたっぷりの食材ですが、ほうれん草のようにアク物質の蓚酸塩を含んでいないので、
加熱後に水にさらすことは不要。そこで煮びたしができるわけです。

野菜・海藻
のおかず
4

翡翠色に仕上がったなすのおいしさ、美しさ

なすの焼きなす風

1人分 32kcal
塩分 0.3g
調理時間 5分

材料 1人分
なす●中2個（120g）
削りかつお●少々
しょうゆ●小さじ1/3

作り方

1 ●●●●●
なすは、ピーラーでおしりの方から皮をむき、塩少々（分量外）をぬりつけて、2個一緒にラップで包み、網または割りばしを2膳バラした上にのせて、600Wレンジで3分（500W4分）加熱。

2 ●●●●●
ラップを取って、水でさっと洗って塩気を除き、1本をたて2つに切り、はしで細くさき、削りかつおとあえる。

3 ●●●●●
器にのせ、しょうゆをまわしかける。

POINT
よりおいしく、より簡単に作るコツ
なすのアクと言われるものは、ポリフェノールの一種でコレステロール値を下げる大切な物質。このポリフェノールが空気に触れた途端に変色するのを防ぐためには、すぐに加熱すること。レンジを使えば、翡翠色にできるわけです。

野菜・海藻
のおかず
5

マヨネーズの酸味と油分が風味を添える

キャベツのマヨネーズ炒め

1人分 197kcal
塩分 0.3g
調理時間 5分

材料1人分
キャベツ●200g
マヨネーズ●大さじ2
牛乳●大さじ2
こしょう●少量

作り方

1●●●●
キャベツの茎はそぎ切りに、葉は4〜5cmざく切り。

2●●●●
耐熱ボウルにキャベツの半量を入れて、
マヨネーズと牛乳を合わせた調味料の半量をかける。
その上に残りのキャベツと調味料を同様にのせ、
ラップまたはふたをする。
600Wレンジで3分（500W4分）加熱。

3●●●●
取り出して、さっくり混ぜて器に盛り、
こしょうをひきかける。

POINT
よりおいしく、より簡単に作るコツ
マヨネーズの約70％はサラダ油でできていて、塩気も酸味もあって、
炒め油がわりに使うとおいしいのです。卵も入っているので、
絞り出しただけでレンジにかけると焦げるのが難点。牛乳でゆるめてから使うのがコツです。

野菜・海藻のおかず
6

昔なつかしいおふくろの味

ひじきの炒り煮

1人分 104kcal
塩分 0.9g
調理時間 10分

材料1人分
ひじき(乾)●5g
水●1/2カップ
油揚げ●1/2枚
みつば●1〜2本[3cm長さに切る]

A ┌ 砂糖●小さじ2
　├ しょうゆ●小さじ2
　├ 酒●小さじ2
　├ ごま油●小さじ1
　└ 水●大さじ4

作り方

1●●●●●
油揚げはふちを切り落とし2枚に開く。
幅を2等分し、重ねて細切りにする。
ひじきは、長ければはさみで3cm長さに切って、
耐熱ボウルに入れ水を注ぎ、ラップまたはふたをして、
600Wレンジで2分(500W2分30秒)加熱。
水を取りかえながらゆすぎ、
砂がなくなったことを確かめて
ざるへ上げ、ボウルにもどす。

2●●●●●
ひじきの上に油揚げをのせ、Aを合わせてかける。
クッキングペーパーを直接かぶせ、
中央をはしで突いて穴をあけ浮き上がり防止にして、
ラップまたはふたをする。

3●●●●●
600Wレンジで3分(500W4分)加熱し、
取り出してみつばを混ぜ、
粗熱が取れるまでおくと味がしみておいしくなる。

POINT
よりおいしく、より簡単に作るコツ

おふくろの味といえば煮物。切り干し大根、炒り豆腐、高野豆腐などありますが、
ひじきの炒り煮も、少量作りなら電子レンジの得意技。
レンジで作れば、油も調味料も控えめになるのもうれしいところです。

野菜・海藻のおかず
7

レンジ炒り煮ならシャキッと歯ごたえよく

きんぴらごぼう

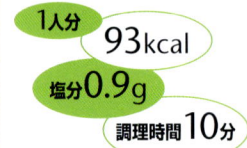

1人分 93kcal
塩分 0.9g
調理時間 10分

材料 1人分
ごぼう ● 50g
にんじん ● 20g
しょうゆ ● 小さじ1
砂糖 ● 小さじ1
ごま油 ● 小さじ1
赤唐辛子（小口切り）● 1/2本分

作り方

1 ●●●●
ごぼうは、皮をこそげてささがきにし、にんじんも皮をむいてごぼうと同じ形に切る。酢水の中でもみ洗いし、ざるに上げかたく絞る。

2 ●●●●
耐熱ボウルにごぼうとにんじんを入れ、ラップをふんわりとかけて600Wレンジで2分（500W2分30秒）加熱し、ざるへ上げ、野菜の水分を除く。

3 ●●●●
ボウルをふいて2をもどし、しょうゆ、砂糖、ごま油、赤唐辛子を加えて混ぜ、ラップをして600Wレンジで2分（500W2分30秒）加熱する。取り出してひと混ぜして、器に盛る。

POINT
よりおいしく、より簡単に作るコツ

ごぼうはかたそうにみえても80%が水分なので、シャッキリと仕上げたいときは、電子レンジに1回かけて、出た水分を除いてから調味料を加えて再加熱します。これはれんこんやにんじんのきんぴらにも共通するコツなのです。

野菜・海藻
のおかず
8

赤ちょうちんのお店で人気NO.1

里いもの鶏そぼろ煮

1人分 211kcal
塩分 1.6g
調理時間 7分

材料1人分
里いも（冷凍）●6個（160g）
鶏ひき肉●30g
A ┌ みそ●大さじ1
　│ 酒●大さじ2
　│ 砂糖●大さじ1
　└ 水●大さじ2

作り方

1●●●●●
耐熱ボウルに鶏ひき肉とAを入れて、よく混ぜる。

2●●●●●
1に冷凍里いもを加えてからめ、
クッキングペーパーを直接かぶせ、
中央にはしで穴をあけ、ラップまたはふたをして、
600Wレンジで5分（500W6分30秒）加熱する。

3●●●●●
取り出してひと混ぜして、器に盛る。
あれば、しょうがの千切りをのせる。

POINT

よりおいしく、より簡単に作るコツ

素材冷凍食品は、洗ってあったり、皮をむいてあったり、
カットされていたりと下処理がしてあるので便利。
しかも、その食材の旬のときに収穫して冷凍してあるのでおいしさも保証つきです。

野菜・海藻
のおかず
9

じゃがいものうま味そのままをいただく
ポテトサラダ

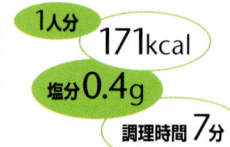

1人分 171kcal
塩分 0.4g
調理時間 7分

材料1人分
- じゃがいも●小1個（100g）
- 玉ねぎ（薄切り）●約大さじ2
- にんじん（千切り）●約大さじ1
- 塩●少々
- マヨネーズ●大さじ1
- パセリのみじん切り●少々

作り方

1●●●●●
玉ねぎは薄切り、にんじんは千切り。
塩をかけてもみ、かたく絞る。

2●●●●●
じゃがいもは、皮をむき、4つに切る。
耐熱ボウルに移しラップまたはふたをして、
600Wレンジで2分30秒（500W3分）加熱。
取り出して、フォークやスプーンで押さえてつぶす。

3●●●●●
1とマヨネーズ、パセリのみじん切りを加えて混ぜる。

POINT
よりおいしく、より簡単に作るコツ

じゃがいもは実はフルーツなみにビタミンCを含んでいます。そのビタミンCは、でんぷん細胞の中に入っているので、少々の加熱では破壊されにくいという特長もあります。このポテトサラダのビタミンCは1日の必要量の50％に達します。

野菜・海藻のおかず
10

鶏肉のうま味が根菜にしたたりおちて

いり鶏

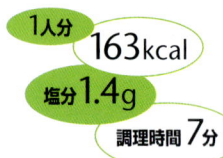

1人分 163kcal
塩分 1.4g
調理時間 7分

材料1人分
鶏肉（こま切れ）●50g
和風野菜ミックス（冷凍）●100g
A ┌ しょうゆ●大さじ1
　├ 砂糖●大さじ1
　└ 酒●大さじ1

作り方

1●●●●
鶏肉は、Aをからませる。
耐熱ボウルに冷凍の野菜ミックスを入れ、
鶏肉を調味料ごと上にのせる。

2●●●●
クッキングペーパーを鶏肉に直接はりつけるようにのせ、
はしで中央に穴をあけ、ラップまたはふたをする。
600Wレンジで4分（500W5分）加熱。

3●●●●
取り出して、ひと混ぜする。

POINT
よりおいしく、より簡単に作るコツ
冷凍の和風野菜ミックスは、にんじん、れんこん、里いも、ごぼう、
青味のさやえんどうやきくらげなどが下ゆでされて、バランスよく入っているので、
手軽にたくさんの野菜が食べられます。必要量だけ使えることも利点です。

野菜・海藻
のおかず
11

豚肉のうま味がかぼちゃとマッチ

かぼちゃのうま煮

- 1人分 266kcal
- 塩分 1.0g
- 調理時間 7分

材料 1人分
- 豚ひき肉●50g
- かぼちゃ（冷凍）●150g
- A
  - しょうゆ●小さじ1
  - 酒●大さじ1
  - 砂糖●大さじ1
  - 水●大さじ1
- しょうが（みじん切り）●少々

作り方

1●●●●
豚ひき肉とAを合わせて混ぜる。

2●●●●
耐熱ボウルにかぼちゃを入れて、1をのせる。クッキングペーパーを直接かぶせ、はしで穴をあけ、ラップまたはふたをする。600Wレンジで5分（600W6分）加熱。

3●●●●
取り出して器に盛り、しょうがのみじん切りを散らす。

POINT
よりおいしく、より簡単に作るコツ

電子レンジ煮ものは水分が蒸発しないので、少ない煮汁で加熱するのが、おいしく仕上げるコツ。そのための一工夫も必要で、クッキングペーパーやラップを材料に直接かぶせて落としぶたの代わりにすると、煮汁が全体に回り、効率的です。

野菜・海藻
のおかず
12

卵黄が中心にきてすこぶるおいしい

ゆで卵

1人分 **76kcal**
塩分 **0.2g**
調理時間 **15分**

材料1人分
卵●1個
アルミホイル●25×25cm1枚
水●1/2カップ

作り方

1 ●●●●
卵をアルミホイルで包む。
コップに入れる。
底に卵がはまって、浮いてこないくらいがよい。
水を注いで、ラップをする。

2 ●●●●
600Wレンジで2分（500W2分30秒）加熱。
水が沸とうしたら、弱に切りかえて12分加熱。

3 ●●●●
水を捨て、殻をむく。

POINT

よりおいしく、より簡単に作るコツ

ホイルで卵を包むと、電磁波は卵にはあたりません。が、まわりに水を入れておくと、電磁波が当たって100℃になります。熱湯の中にホイル包みの卵を12分間入れておくと、熱がじんわり伝わって、ゆで卵ができるわけです。

卵・豆腐の
おかず
1

卵黄が中心にきて美しい

半熟卵

1人分 **76**kcal
塩分 **0.2**g
調理時間 **10**分

材料1人分
卵●1個
アルミホイル●25×25cm1枚
水●1/2カップ
トーストしたパン●少々

作り方

1●●●●
卵をアルミホイルで包む。コップに入れる。
底に卵がはまって、浮いてこないくらいがよい。
水を注いでラップをする。

2●●●●
600Wレンジで2分（500W2分30秒）加熱。
弱に切りかえて、4分加熱。

3●●●●
取り出して水に移し、器に立てる。
上1.5cmほど割って殻をはずし、塩をふる。
スプーンですくっていただく。
好みでトーストしたパンを添えてもよい。

POINT
よりおいしく、より簡単に作るコツ
卵を食べたいけれど、コレステロールが心配？
確かに卵黄1個分にコレステロールは235mgも含まれますが、
マヨネーズは卵黄の乳化作用のおかげで油をクリーム状にしてできたもの。
食べても体に悪作用はないと、いまの医学では判明しています。

卵・豆腐の
おかず
2

オイリーなツナの味が蛋白な豆腐を引き立てる

ツナ豆腐

1人分 230kcal
塩分 1.4g
調理時間 7分

材料1人分
豆腐●小1丁（200g）
ライトツナ（缶）●小1缶（80g）
ピザチーズ●大さじ1
しょうゆ●小さじ1
万能ねぎ（小口切り）●少々

作り方

1●●●●
耐熱皿に豆腐をのせる。

2●●●●
ツナとチーズをのせ、ラップまたはふたをして600Wレンジで4分（500W5分）加熱。

3●●●●
取り出して、万能ねぎを散らし、しょうゆをかける。

POINT

よりおいしく、より簡単に作るコツ
畑の肉ともいわれる大豆からできている豆腐は、90％が水分。
そこで電子レンジにかけるときは、1丁（300g）を600Wレンジ3分（500W4分）加熱すると、お湯を沸かす手間をかけなくても、熱々の湯豆腐ができます。

卵・豆腐の
おかず
3

村上祥子
むらかみさちこ

福岡県生まれ。福岡女子大学家政学科卒業。管理栄養士。
東京と福岡にクッキングスタジオを主宰し、テレビ出演、出版、講演、商品開発、母校の大学の講師と幅広く活躍。
自称"空飛ぶ料理研究家"。豊富なレシピとシンプルで手早い調理法には定評がある。
著作に『村上祥子の電子レンジらくらくクッキング』『村上祥子のらくらく冷凍・解凍クッキング』
『1カ月らくらくおべんとうクッキング』(ともにブックマン社)などがある。

空飛ぶ料理研究家・村上祥子のホームページ
http://www.murakami-s.com

(株)ムラカミアソシエーツ
山下圭子
水上香織
古城佳代子

デザイン
日下充典

撮影
松本祥孝

スタイリング
中安章子

DTP制作
松田祐加子
[POOL DESIGN ROOM]

村上祥子のらくらくシリーズ
村上祥子の1人分でもおいしい 電子レンジらくらくクッキング

2001年10月15日初版第1刷発行

著者
村上祥子

発行者
木谷仁哉

発行所
株式会社ブックマン社
〒101-0065東京都千代田区西神田3-3-5　tel.03-3237-7777　http://www.bookman.co.jp

印刷所
図書印刷

ISBN 4-89308-444-5
Printed in Japan
定価はカバーに表示してあります。乱丁、落丁本はお取り替え致します。
許可なく複製・転載及び部分的にもコピーすることを禁じます。

ⓒSachiko Murakami 2001.